¡HOLA, EDWARD!

Escrito por Tracy Voss

Ilustrado por Marcy Tippmann

Dedicatoria

Este libro, el primero del programa **PAWS de Live Like a Dog**, está dedicado a la niña que fui a los cinco años. Este programa es todo lo que yo hubiera querido que me enseñaran sobre animales cuando niña. Estoy convencida de que, de saber todo esto, habría comenzado años antes mi misión, y que hubiera cuidado mucho mejor a mi Bear, la perra que tuve en la infancia. Pero en ese momento no sabía mucho más. El amor incondicional de Bear, y de todos los perros que he tenido después, me ha enseñado lo que es el perdón y la capacidad de vivir el momento.

El secreto de la felicidad es vivir la vida como la viven los perros.

Título original: Meet Edward – The Real-Life Ambassador for PAWS
¡Hola, Edward! – Embajador de PAWS
Copyright © 2022 Tracy Voss
Todos los derechos reservados.
A excepción de extractos breves para reseñas, ninguna parte de este libro puede ser reproducido o utilizado de ninguna forma sin autorización de la editorial. Para mayor información sobre este libro y su autora, visite LiveLikeaDog.press.

ISBN 978-1-7377470-4-8 - *Meet Edward,* paperback
ISBN 978-1-7377470-6-2 - *Meet Edward,* Spanish translation
eISBN 978-1-7377470-5-5 - *Meet Edward* ebook

Primera edición en español:
Impreso en los Estados Unidos de América
Live Like a Dog, LLC
PO Box 849, Hondo, TX 78661
LiveLikeaDog.press

Diseño: Marcy Tipmann
Dirección editorial: Andrea Leigh Ptak
Traducción: Mercedes Guhl y Nabey Sánchez

¡Hola! Te doy la bienvenida al programa PAWS de Live Like a Dog. ¡Es un gusto tenerte aquí!

Me llamo Edward.

Yo era un perro callejero en Brownsville, Texas. No tenía a nadie que me cuidara. Vivía con hambre, tenía pulgas y parásitos, y cuando llovía siempre me mojaba. Ni siquiera tenía una cama donde dormir en las noches, o cobijas para abrigarme cuando hacía frío.

Mis únicos amigos eran los niños que jugaban conmigo camino de la escuela. A veces me compartían su merienda para que yo no pasara hambre. Les gustaba rascarme el lomo y a mí me encantaba porque siempre sentía comezón.

Edward Recomienda...

Si ves un perro callejero, busca a un adulto que te ayude, pues no todos los perros son amables y buenos como yo. Algunos están tan asustados que podrían morderte.

Sé que soy un buen perro, pero también que soy un poco diferente.

A veces los niños me miran las patas porque nunca han visto otras así, con los dedos torcidos.

¿Quieres ver mis patas?

Siempre han sido así, desde que nací. Cojeo un poco al caminar, pero eso no me impide correr y divertirme.

Mis dientes también son diferentes. En lugar de ser blancos, son de color café.

¿Quieres verlos?

Son así porque tuve una fiebre cuando era cachorro. Fue tan grave que los dientes me cambiaron de color. Pero a mí no me molesta que sean cafés. A pesar de todo disfruto la comida y las golosinas de premio.

Puede que sea diferente, pero soy un buen perro. Los niños me quieren tal como soy. Me quieren tanto como yo a ellos.

Eso es algo asombroso de nosotros, los perros. Te queremos, aunque estés todo despeinado o tengas aliento apestoso a huevo podrido.

No nos burlamos de ti si cometes un error o si eres diferente. Te queremos tal como eres.

Luego de vivir algunos años en la calle, un día mi vida cambió por completo. Un encargado de control animal me llevó a un refugio de animales.

El lugar estaba repleto de perros y gatos. Los ladridos constantes de todos esos perros me lastimaban los oídos.

En mi jaula había otro perro llamado Teddy. Me contó que había pasado toda su vida encadenado a un árbol de un patio trasero.

Tracy forma parte de un grupo de rescate animal que ayuda a perros sin hogar como nosotros. Nos quedamos en Oliver's House hasta que alguna familia linda nos adopta.

En ese refugio se descansa en camas suaves y siempre hay suficiente comida. Tracy y sus asistentes nos cuidan muy bien.

Con el tiempo, comencé a sentirme triste. Después de meses y meses de larga espera, nadie quería adoptarme. Todos los otros perros se fueron a sus nuevas casas, todos menos yo.

Me preguntaba por qué no me elegían. ¿Acaso por mis patitas y mis dientes cafés? Seguro había un lugar para mí también.

Un día le pregunté a Tracy, "¿Por qué nadie me quiere adoptar?"

Ella me abrazó con fuerza y me dijo, "A veces los perros especiales como tú tienen una misión especial".

¡Entonces, Tracy decidió escogerme para un proyecto especial conocido como PAWS!

PAWS, que en inglés significa "patitas", es un programa para la promoción del bienestar animal en las escuelas.

Tracy sabía que yo era el indicado para este proyecto. ¡Ahora me dedicaría a visitar escuelas en Texas para enseñarle a niños como tú acerca del cuidado animal!

Edward Recomienda...

Sin importar dónde vivas, puedes ayudar a los perros, a tus mascotas o a los que viven en las calles de tu zona. ¡Con PAWS, todos los niños pueden aprender cómo!

También quiero que vivas la vida como la viven los perros.

A lo mejor te suena gracioso, pero los perros casi siempre estamos contentos, y podemos enseñarte además muchas cosas sobre la alegría.

Apuesto a que nunca pensaste que podrías aprender algo de los perros, ¡pero claro que puedes!

Tengo toda una variedad de cosas para compartir contigo: libros con historias reales de perros rescatados, como yo; actividades muy entretenidas para enseñarte a cuidar y ayudar a los animales, y mucho más. Me da un gran gusto que formes parte del programa PAWS junto conmigo.

¡Recuerda vivir la vida como la vivimos los perros, que es el propósito de Live Like a Dog!

PAWS, para la promoción del bienestar animal en las escuelas

PAWS, que quiere decir "patitas", es un programa educacional orientado a niños de escuela primaria, para despertar empatía y comprensión hacia todos los seres vivos.

PAWS de Live Like a Dog busca enseñar a los niños, por medio de libros educativos y actividades prácticas, cómo convertirse en embajadores que representen la bondad hacia todos los seres vivos, personas incluidas, y el cuidado responsable de las mascotas.

PAWS de Live Like a Dog desarrolla y fortalece los lazos entre humanos y animales, que pueden llegar a ser fuente de consuelo y seguridad para muchos niños que tienen dificultades en su casa o en la escuela.

Todos los niños necesitan apoyo y orientación para tener relaciones sanas con su familia cercana y sus amigos. Lo anterior incluye la relación con las mascotas. Sucede que las mascotas son los amigos más cercanos de muchos niños. Para otros, la mascota puede resultar la única relación estable y de amor incondicional que tengan en su niñez y adolescencia.

Fortalecer los lazos entre humanos y animales puede mejorar la autoestima y darles a los niños un propósito, además de fomentar que desarrollen empatía hacia todos los seres vivos. Este programa les dará a los niños herramientas útiles para que puedan tener una vida feliz a pesar de los muchos desafíos que puedan llegar a enfrentar.

Estamos convencidos de que no hay niño que no quiera darles a sus mascotas el mismo cuidado que merece y anhela para sí mismo. Todos los niños desean crecer en un entorno sano, seguro y amoroso. Ayudarles a participar en el cuidado de sus mascotas y permitirles ser un apoyo para las mascotas abandonadas les enseña a ser responsables en todos los terrenos de la vida.

Live Like a Dog LLC es una compañía con fines educativos, fundada por Tracy Voss en 2021, para promover la empatía y comprensión hacia todos los seres vivos, por medio de la publicación de libros de perros que fueron rescatados en la vida real, y para educar a los niños a través del programa PAWS, para la promoción del bienestar animal en las escuelas

El final feliz de Edward

Edward fue rescatado del refugio de animales de Brownsville en octubre de 2020, junto con entusiastas recomendaciones del personal que lo cuidó allí. Nos dijeron que era un perro amistoso y que adoraba a las personas. Era un perro "único".

Su carita perruna se alegraba cuando iban niños al refugio Oliver's House. Él los adoraba y ellos a él. Cada vez que iban allí, querían ver a Edward y sus patitas. Entendí que este perro tenía otra misión y no estaba listo para dejar Oliver's House todavía, y por eso lo nombré embajador del programa PAWS de Live Like a Dog. Pocos días después de tomar esta decisión, recibimos la solicitud para adoptarlo.

Permaneció en el refugio de Paws de Tracy hasta julio de 2021, cuando fue adoptado por Virginia Gibson y David, su compañero. De inmediato, Edward se entendió bien con Little Bit, el perro de la pareja, y llegaron a ser amigos inseparables. Los tiempos de su vida en las calles ya han quedado atrás, y ahora pasa sus días durmiendo la siesta en un sofá o echado al aire libre, disfrutando del sol de Texas. Le encanta que le dediquen atención y jamás rechaza una rascadita en la cabeza..

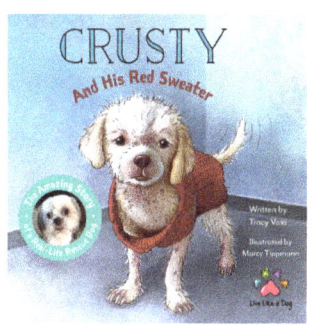

Crusty y su suéter rojo

La increíble historia de un perrito rescatado

Esta es la historia real de un perro que fue rescatado de la vida callejera cerca de la frontera con México, cómo se recuperó con amor y cuidados, y encontró el hogar de sus sueños a 1,200 millas de donde empezó.

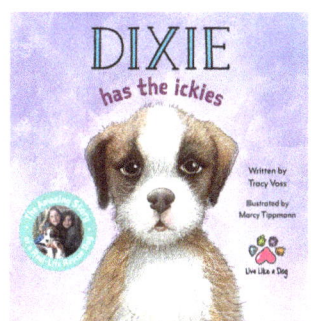

¡Pobrecita Dixie!

La increíble historia de una perrita rescatada

Esta es la encantadora historia de una perrita que, a pesar de los difíciles primeros meses de su vida, acaba en el hogar ideal, con una misión muy especial.

www.ingramcontent.com/pod-product-compliance
Lightning Source LLC
Chambersburg PA
CBHW051323110526
44590CB00031B/4447